AF269549

LEONARDO DA VINCI

© 2019, de esta edición, Shackleton Books, S.L.

© de las ilustraciones, Ángel Coronado y Oriol Roca

© de los textos, Javier Alonso López (Autor representado por Silvia Bastos, SL. Agencia literaria)

Coordinación y supervisión de las ilustraciones: Peekaboo Animation, S.L.

Primera edición en Shackleton Kids, febrero de 2019
Segunda edición en Shackleton Kids, octubre de 2019
Tercera edición en Shackleton Kids, mayo de 2024
Cuarta edición en Shackleton Kids, septiembre de 2025

Realización editorial:
Bonalletra Alcompas, S.L.

Coordinación editorial:
Carmela Vásquez

Diseño de cubierta:
Pau Taverna

Diseño de colección:
Elisenda Nogué (www.metagrafica.com)

Maquetación:
Elisenda Nogué (www.metagrafica.com)

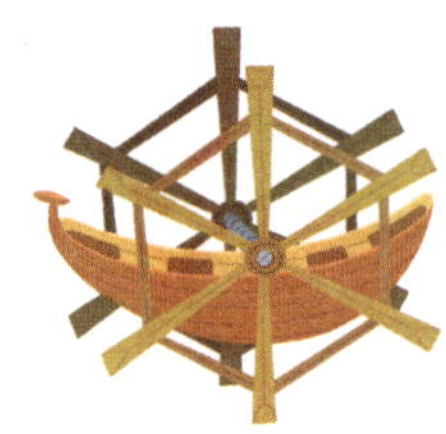

© Fotografías:
Todas las imágenes son de dominio público excepto p. 33: «Museo Leonardiano (Vinci) Castello dei Conti Guidi, Jordiferrer/Wikimedia Commons [CC BY-SA 4.0]; p. 35, «Una ambulancia Fiat Ducato», Contando Estrelas [CC BY-SA 2.0]/ Flickr.

ISBN: 978-84-17822-07-1
DL: B-3138-2019
Impresión: Macrolibros S.A. (España).

LEONARDO DA VINCI

El gran hombre del Renacimiento

Ve a la última página y descubre
contenido y actividades extra.

Mis pequeños
HÉROES

¿**Q**ué te gustaría ser de mayor? Seguro que, cuando te hacen esa pregunta, respondes con una profesión en concreto: veterinaria, astronauta, maestro... Sin embargo, si me hubieran preguntado a mí, no habría sabido qué responder. A mí me interesaba casi todo, y a lo largo de mi vida hice infinidad de cosas.

La mayoría de la gente me conoce como pintor, porque mis cuadros se han hecho muy famosos, aunque en realidad también fui inventor, científico, ingeniero, arquitecto, filósofo, escritor... No sé si me dejo algo.

Pero lo importante no es solo que hiciese muchas cosas diferentes, sino que siempre intenté hacerlas de una manera que nunca nadie hubiera probado antes. Mis ideas fueron tan visionarias que muchos de mis inventos acabaron por hacerse realidad muchos siglos más tarde.

¿Quieres saber más sobre mí? Pues acompáñame en las siguientes páginas.

Esta es mi historia.

Me llamo Leonardo di ser Piero da Vinci, y nací en 1452 en Vinci,
un pequeño pueblo cerca de Florencia. Mi madre era campesina,
y mi padre, un importante embajador.

En aquella época, Florencia era una de las ciudades más
importantes de Europa. En ella vivían algunas familias muy ricas,
y por todas partes se podían ver artistas trabajando para los grandes
señores: pintores, escultores, arquitectos, poetas. Al verlos, pensaba
que me gustaría hacer obras así cuando fuera mayor.

—¿Has visto esa escultura, papá? Algún día yo también haré una.

—¿Y esa cúpula tan grande? ¿Qué te parece?

—¡Me encanta, papá! ¡También construiré edificios!

—Vaya, ¿escultor y arquitecto? ¿Hay algo más
que vayas a ser?

—¡Muchas cosas!

Siempre me encantó llevar un cuaderno bajo el brazo en el que dibujar todo lo que veía o imaginaba: los paisajes, a mi familia y amigos, inventos y máquinas. También escribía notas al revés, de manera que únicamente se pudieran leer mirando el papel en un espejo.

Un día, mi padre le enseñó mis dibujos a su amigo Verrocchio, un famoso pintor. Le gustaron tanto que me propuso trabajar con él como aprendiz. En el taller de Verrocchio, aprendí muchas cosas aparte de pintura. Estudié matemáticas, me enseñaron a hacer esculturas, y a trabajar con yeso, madera y metal. Aunque a veces también tenía que hacer cosas que no me gustaban tanto...

—¿Está bien así, maestro Verrocchio?

—Bastante bien, pero esa pincelada debe ser más suave y fina.

—¿Algo más, maestro?

—Sí, ahora limpia todos los pinceles y paletas. Y, cuando hayas terminado, barre el taller y ponle comida al gato.

Pasado el tiempo, abandoné el taller y me fui a Milán, donde entré al servicio del duque Ludovico para trabajar como ingeniero. Aunque casi siempre me pedía que diseñara fortificaciones para defenderse de posibles ataques, también tenía encargos más divertidos, como construir los decorados para las grandes fiestas y los banquetes que celebraba.

En uno de esos banquetes me di cuenta de que los invitados se limpiaban la boca y las manos en su ropa, la del vecino de mesa o sobre el mantel. ¡Qué marranos!

Así que se me ocurrió inventar algo: ¡la servilleta! En la siguiente fiesta, coloqué una servilleta junto al plato de cada invitado. Pero no todos entendieron su utilidad.

—¿Qué tal me queda como sombrero?

—¡No es un sombrero, duque Ludovico! Seguro que sirve para limpiarse los zapatos. ¡Mira!

—¡Qué va! Debe de ser para envolver la comida que sobre.

—Esto de la servilleta es una bobada. ¡Jamás tendrá éxito!

En Milán, pinté uno de mis cuadros más famosos: *La última cena*, y en él se ve a Jesús y a los doce apóstoles alrededor de una mesa. Pasé años buscando modelos para cada uno de los personajes. Pronto encontré un hombre con un rostro bondadoso que serviría para Jesús, y luego los modelos para el resto de apóstoles. Pero me faltaba Judas, el traidor...

Así que fui a una cárcel a buscar hombres malvados para ver si alguno me servía. Uno me pareció perfecto por su cara de malo y lo llevé a mi estudio. Cuando terminé de retratarlo, le dije que imaginaba

que su vida debía de haber sido horrible y que por ello tenía tanta
maldad reflejada en el rostro. Entonces él se arrodilló a mis pies:

—¿No me reconoce, maestro Leonardo? Ya nos habíamos visto antes.

—Pues creo que no. Una cara como la tuya la recordaría.

—Hace tiempo yo no era así, y mi cara era mucho más amable. ¡Yo
soy el mismo modelo que utilizó para pintar a Jesús!

Por fortuna, el duque Ludovico también apreciaba mis dotes como artista. Un día me encargó que realizara la mayor estatua ecuestre jamás construida: un caballo de bronce de 70 toneladas de peso, 7 metros de largo y otros 7 de altura.

Ni corto ni perezoso, me puse a diseñar los planos y preparar los moldes de arcilla para la fundición. Pero cuando lo tenía todo listo, ocurrió algo inesperado. Los franceses atacaron Milán, y el bronce que iba a servir para la estatua tuvo que emplearse para fabricar cañones. Inmediatamente, abandoné Milán huyendo de la guerra.

Jamás pude acabar el caballo, aunque en el siglo xx se hicieron al menos dos réplicas a tamaño natural, y son impresionantes. ¿Qué pensaría el duque si pudiera viajar desde el pasado y verlos?

—*Así habría sido el caballo si se hubiera terminado. ¿Qué le parece, duque Ludovico? Quizás me pasé un poco con las medidas, ¿no?*

—*¡Habría sido magnífico!*

Me dirigí entonces a Venecia, que era una de las ciudades más ricas y poderosas de la época. Los venecianos temían ser atacados por los turcos en su propia ciudad, por lo que también allí me pidieron que diseñara fortificaciones, máquinas y armas para defenderse.

Uno de los inventos que se me ocurrieron fue una escafandra, para que los soldados pudieran sumergirse en el agua de los canales y atacar a los barcos enemigos sin ser vistos. Diseñé el traje e hicimos algunas pruebas, pero al final no llegó a utilizarse.

—Pareces un elefante con esa cosa en la cabeza.

—No sé... Esto es un poco agobiante.

—Pero ¿cómo se le ha ocurrido a maese Leonardo esta idea?

—Es una bobada. ¡Jamás tendrá éxito!

Aunque casi siempre me pedían que inventara máquinas de guerra, a mí lo que de verdad me gustaba era imaginar cosas útiles, que facilitasen el trabajo a la gente. Se me ocurrieron varias ideas muy originales, que me habría encantado hacer realidad.

—¡Mire este vehículo! Una persona podría desplazarse con tan solo mover los pies en círculo.

—Parece barato, y no consume alfalfa, pero no lo veo claro.

—¿Y este barco? Se mueve por la fuerza de unas palas.

—¿Sin remeros ni velas? ¡Vaya tontería, jamás tendrá éxito!

Me gustaría saber si después de mí han conseguido inventar cosas parecidas, o si de verdad eran una bobada. ¿Vosotros qué creéis?

Si algo me maravilló desde pequeño fue que los pájaros pudieran volar. Me pasaba horas observando a las aves, dibujando sus alas, sus trayectorias de vuelo, cómo planeaban...

Trabajé duro para inventar algún mecanismo que permitiese volar a los seres humanos. Diseñé varios modelos de alas para personas, pero la verdad es que no conseguí buenos resultados.

—El voluntario que saltó ayer no consiguió volar, espero que se esté recuperando bien. He hecho algunas modificaciones en las alas y ahora seguro que funciona... ¿Algún voluntario?

—...

—¡Qué raro! ¿Dónde se habrá metido todo el mundo?

Aunque algunos de mis inventos no acabaran de funcionar, nunca me desanimé. Quería seguir aprendiendo y probando. Si hay una máquina increíble, esa es sin duda el cuerpo humano: ¡hay que ver la cantidad de movimientos y cosas que puede hacer!

Observaba y dibujaba cuerpos humanos para intentar describir exactamente cómo funciona esa complicada mezcla de huesos, nervios, músculos, tendones, venas y arterias. Todo lo que aprendí

lo apliqué a mis cuadros, imaginando cómo sería el ser humano «perfecto».

—¿Veis? El cuerpo puede encuadrarse perfectamente dentro de varias figuras geométricas diferentes.

—A mí la barriga se me saldría de ese triángulo...

—Yo tocaría la parte superior del círculo con la cabeza...

—Los hombres así no existen. ¡Ese dibujo está retocado!

Con 60 años, me trasladé a vivir a Roma, donde terminé por fin mi cuadro más famoso, la *Mona Lisa*, también conocido como la *Gioconda*. Es el retrato de una mujer con una sonrisa enigmática: unos la ven triste, y otros, contenta. Para mostrar el fondo, pinté un paisaje difuminado, como envuelto en una neblina.

En los siglos posteriores, se han hecho varias restauraciones del cuadro porque se había estropeado con el paso del tiempo, y algunas fueron un poco «chapuceras». Si te fijas, verás que la mujer se ha quedado sin cejas ni pestañas.

—*Si miras fijamente a la boca, parece que crece su sonrisa. ¿Cómo pudo hacerlo?*

Pasé los últimos años de mi vida en Francia, al servicio de mi nuevo protector, el rey Francesco I. El rey me regaló un bonito castillo donde vivir, así que podía hacer lo que más me apeteciera. Mi vida terminó en 1519 en mi castillo francés y allí fui enterrado, después de pintar, trabajar y soñar hasta el último día.

—*Tras servir a varios señores, es un honor que el último de mi vida haya sido un rey.*

—*El honor ha sido mío, maese Leonardo.*

—*¿Cómo podéis decir eso, majestad?*

—*En la historia ha habido muchos reyes, pero solo un Leonardo.*

Me llamo **Leonardo da Vinci** y esta fue mi historia. Me pasé toda la vida estudiando, aprendiendo e intentando imaginar cosas que aún no existían. No nací sabio, sino que fueron mi curiosidad y mi deseo de saber cosas nuevas los que me dieron sabiduría.

Tardaba años en terminar mis obras porque era muy perfeccionista y siempre estaba corrigiendo cosas. Muchos de mis inventos nunca funcionaron ni llegaron a construirse. Pero lo realmente importante era intentarlo y pensar que todos esos inventos un día funcionarían. Y así fue: otros inventores los hicieron realidad mucho tiempo después.

Ya sabes, si te interesa alguna cosa, o muchas, estúdialas, dibújalas, piénsalas y de ahí seguro que saldrá algo bueno y divertido para ti y para el mundo.

LEONARDO DA VINCI:
ESTA ES SU HISTORIA

Leonardo nació el 15 de abril de 1452 en un pueblecito llamado **VINCI**, cerca de Florencia, en Italia. El nombre con el que lo conocemos, como habrás imaginado, está relacionado con su lugar de nacimiento: Leonardo da Vinci significa literalmente «Leonardo de Vinci», es decir, el Leonardo que nació en Vinci.

Leonardo comenzó sus estudios de pintura en el taller del reconocido maestro **ANDREA DEL VERROCCHIO**, que, cuando vio los dibujos de aquel talentoso jovencito, lo acogió como aprendiz. Al finalizar sus estudios ingresó en una asociación de pintores florentinos, lo que le permitió empezar a trabajar por su cuenta.

1452	1469	1472	1482	1498
Leonardo nace en la ciudad de Vinci (Italia).	Él y su padre se mudan a Florencia; Verrocchio se convierte en su maestro.	Ingresa en el Gremio de San Lucas, una asociación de pintores florentinos.	Leonardo se traslada a Milán. Trabaja al servicio del duque Ludovico Sforza.	Termina su obra *La última cena*.

En 1482 viajó a Milán y entró a trabajar para el poderoso duque Ludovico Sforza. En su corte realizó **DIVERSOS INVENTOS,** desde decorados para fiestas hasta maquinaria militar. ¡Incluso diseñó esta especie de tanque que ves en la imagen, cuya reconstrucción se encuentra en el Museo Leonardiano, en Vinci!

Durante su época en Milán pintó dos de sus cuadros más famosos: **LA ÚLTIMA CENA,** en la que se ve a Jesucristo en el centro y sus discípulos a lado y lado, y *La Virgen de las Rocas*. En 1502 se mudó a Venecia, donde trabajó creando instrumentos militares para César Borgia. Allí también empezó su célebre *Gioconda*.

En sus últimos años, Leonardo vivió en Roma, donde terminó la *Gioconda*, y también en Francia, invitado por el rey Francesco I. Fue en tierras francesas, en el castillo de Clos-Lucé, donde la llama de este **INVENTOR Y ARTISTA GENIAL** se apagó definitivamente, aunque para nosotros sigue brillando a través de sus obras.

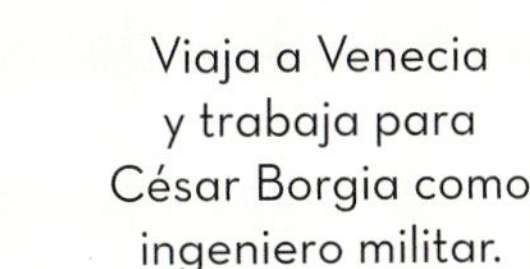

1502	1503	1513	1517	1519
Viaja a Venecia y trabaja para César Borgia como ingeniero militar.	Comienza a trabajar en la *Gioconda*.	Se muda a Roma y vive en el Palacio Belvedere.	Viaja a Francia invitado por el rey Francesco I.	Leonardo muere en su castillo, en Francia.

¿QUIERES SABER MÁS?

«Amo a aquellos
capaces de sonreír en mitad
de los problemas».

Leonardo da Vinci

EL HOMBRE DEL RENACIMIENTO

Leonardo vivió durante el Renacimiento, un período histórico en el que se produjeron muchos inventos, avances y descubrimientos, tanto en el arte como en las ciencias. Fue en esta época cuando se consolidó la idea de que el ser humano debía tener habilidades y conocimientos muy diversos, es decir, aprender al menos un poco de todo, y a eso nos referimos cuando hablamos de un «hombre del Renacimiento». Debido a ello, los artistas renacentistas estudiaban muchas materias, lo que les permitía crear estilos nuevos. Por ejemplo, gracias a sus estudios en anatomía, Leonardo, que es el mejor ejemplo de hombre del Renacimiento, consiguió pintar a la perfección el cuerpo humano.

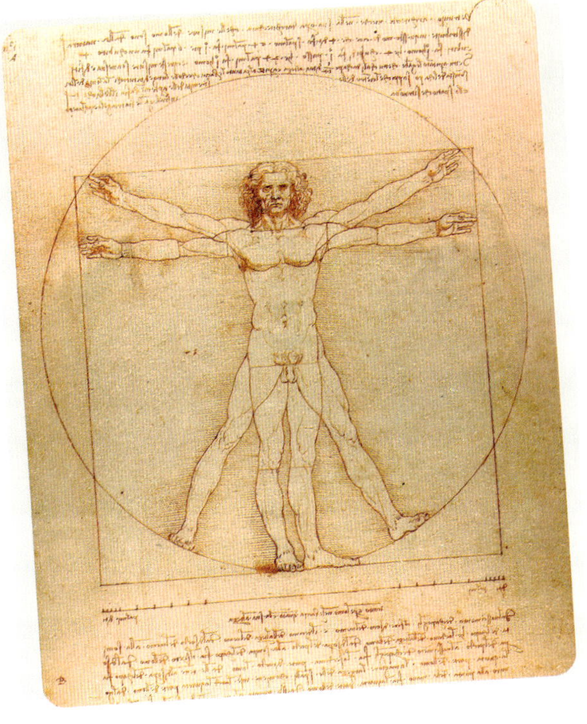

LA *GIOCONDA* EN BICICLETA

Leonardo fue uno de los grandes inventores de la historia. Aunque no siempre llegara a construirlos, muchos de los inventos que tenemos hoy iya los había imaginado él! Ideó varios tipos de puentes, un coche, la bicicleta, el paracaídas, un aparato parecido al helicóptero y otro al parapente. También en pintura fue un innovador. Utilizó una técnica llamada *sfumato* (es decir, «difuminado»), con la que conseguía atenuar las formas. En la *Gioconda* se puede ver el efecto de esta técnica en el paisaje del fondo.

ESPEJITO, ESPEJITO

En sus cuadernos y apuntes, Leonardo usaba una curiosa forma de escribir, llamada «escritura especular». No, espectacular no (aunque también lo es), sino especular, de espejo: solo podías leer lo que decía si ponías un espejo delante. Las anotaciones que rodean su dibujo del *Hombre de Vitruvio* (que puedes ver en la página de la izquierda) están escritas de esta forma. ¿Te suena de algo este tipo de escritura? La próxima vez que veas una ambulancia, fíjate en qué lleva escrito por delante. Sí, «AMBULANCIA» en escritura especular, ipara que los coches puedan leerlo cuando la vean por el espejo retrovisor!

La editorial de los pequeños exploradores

En **Shackleton Kids** queremos que nuestros libros sean mucho más que libros. Escanea los códigos QR y disfruta de todo un mundo de contenido extra con el que descubrirás que aprender es la aventura más divertida.

Descubre la versión animada del libro en nuestro canal de YouTube.

En casa o en el cole, sigue aprendiendo y divirtiéndote con nuestro contenido extra: pasatiempos, quiz, ejercicios...

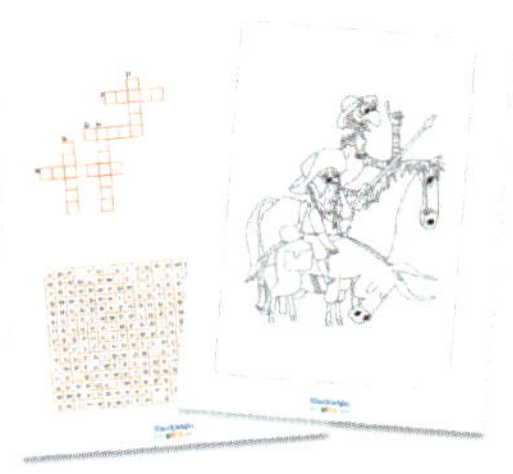

Si te ha gustado **Leonardo Da Vinci**,
descubre más títulos de la colección

Mis pequeños
HÉROES

Aprende de los auténticos héroes de la historia
y descubre los valores que los inspiraron.

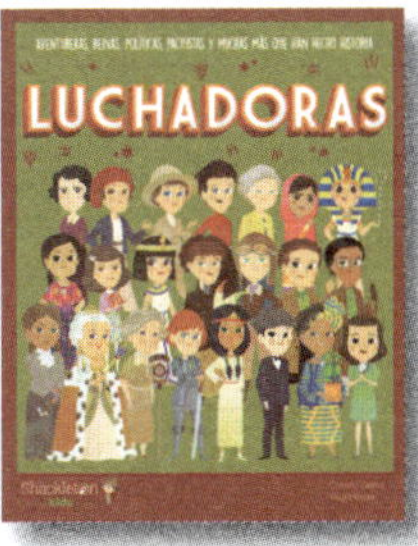
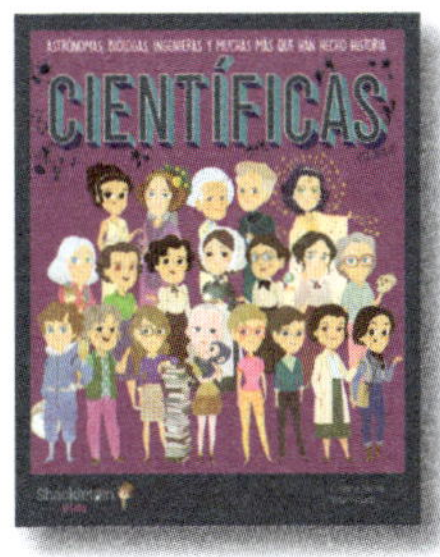

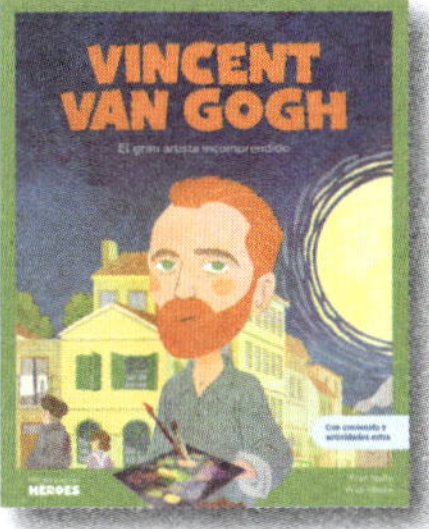

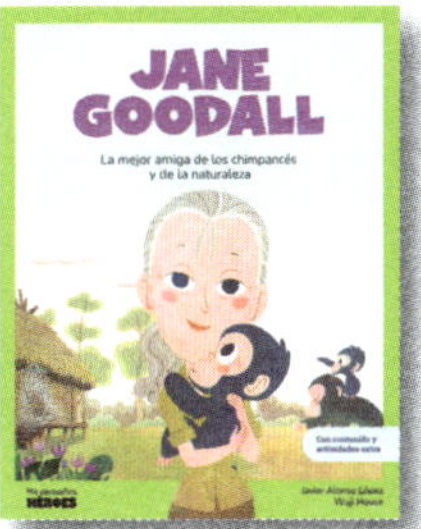

¡Y mucho más en nuestra web!

shackletonkids.com

@shackletonkids